Jannes Hansen

POESIA

AF199342

mit Aquarellen von Elke Hansen

POESIA ist ein Funke, der sich in der Morgensonne entfacht, während der Mittagshitze auflodert und im Abendrot nie verglüht. Das Feuer des Südens packt einen, zuerst zögernd, dann umschlingt es ganz.
Es breitet sich aus in all seinen Facetten, umgibt mit Wärme und lässt dann nicht mehr los.

Gedanken über das Weitwegsein und die Nähe zu sich selbst.

Jannes Hansen wurde 1997 in Oranienburg geboren und studiert seit 2018 in Potsdam Geschichte, Gesellschaft und Politik. Im Rahmen seines Auslandsemesters an der Ostküste Spaniens, hielt er seine persönlichen Eindrücke, Gefühle und Erfahrungen fest und lässt nun die Welt daran teilhaben.

Jannes Hansen

POESIA

Das Feuer des Südens -
El fuego del sur

Bibliografische Information der Deutschen Nationalbibliothek:
Die Deutsche Nationalbibliothek verzeichnet diese Publikation
in der Deutschen Nationalbibliografie; detaillierte
bibliografische Daten sind im Internet
über dnb.dnb.de abrufbar.

Herstellung und Verlag:
BoD – Books on Demand, Norderstedt
ISBN: 9783750430266

für Emily

Morgensonne

Mittagshitze

Abendrot

Morgensonne

Das Lied des Meeres (El canto del mar)

Wieder gewaltiges Blau,
und schön ist das Land.
Die Natur gibt den Menschen
die Freude an die Hand.

So ist der Platz, so nah am Meer,
für mich mehr, als nur am Meer.
Seine Schönheit, enorme Kraft,
lassen mich nostalgisch werden.

Es ist die Grenze zwischen
zwei Gefilden,
das eine starr,
das andere voller Bewegung,
die für mich die Muse bildet.

Das Meer ist mir so fremd,
doch diese Fremdheit vertraut.
Auch wenn ich nicht das Fremde kenn',
hab' ich es öfter angeschaut.

Ach, wenn ich nur im Meere wohnte,
in einer großen Stille, in den Fluten des Lebens,
dann würde ich,
das Land, diese Masse an Sand,
sehnsüchtig verehren.

Jetzt lass' ich mich nach Hause wehen.

Wohnung ausgecheckt

Geschlafen, gefroren, aufgewacht,
gegessen, gegähnt, fertiggemacht
und so… rinnt die Zeit dahin.

Kennenlernen (Chiara)

Ein wenig geduckt,
zieht er sich zusammen,
der geschmeidige Körper,
er strotzt voller Kraft.
Er beäugt mich, fixiert
und beginnt irgendwann,
sich ein wenig zu entspannen.

Neugier und Angst
lassen ihn bedacht
erscheinen.
Jedes Wort das wir uns wechseln,
wird genauestens gewogen.
Und jeder Schritt den wir uns wählen,
wird auf unser Wort bezogen.

Bis ein Gefühl sich dann vermehrt,
einfach in den Bauch geschoben.
Mal trifft es zu, mal ist's verkehrt,
der erste Eindruck ist geboren.

Schlaflose Nächte

Ich kann nicht schlafen,
weil meine
Gedanken an dir zerren,
sich in irgendwas verbeißen.
Hör' nur meinen Atem,
von der Straße leisen Lärm
und den Wind
die Bäume
an sich reißen.

Mein Kopf will einfach nicht kapier'n,
dass wir uns, so schnell nicht sehen.
Warum muss ich spielen?
Warum muss ich so weit gehen?

Du bist jeden Tag präsent,
hab' dich in die Fremde mitgenommen,
zumindest so wie ich dich kenn'
und jetzt kann ich nicht mehr pennen.

Druck

Er hält dich klein,
doch wenn er weicht,
wächst du über dich hinaus.
Ohne ihn kannst du groß sein.

Oder er gibt dir eine Form,
macht dich kompakt,
schärft deine Grenzen,
hält dich intakt.

Wenn er zu viel wird,
schnürt er dich ein,
dann fühlst du dich platt,
raubt dir dein Selbstgefühl,
zieht dich hinab.

Doch ohne ihn,
fehlt irgendwas,
du hängst so in der Luft,
niemand holt dich ab.

Es gibt für ihn
kein Richtig und kein Falsch.
Er treibt dich an
schlägt dir eine Richtung vor.
Lass ihn an dich ran,
mehr oder weniger.

zuhaus'

Jedes Mal, wenn die Sonne durch die Gipfel rinnt,
komme ich endlich aus mir raus,
wenn der Wald mich dann in seine Arme nimmt,
fühle ich mich zuhaus'

Jedes Mal, wenn mein Körper in die Tiefe schaut
und jedes Mal, wenn ich in ihr versink',
jedes Mal, wenn mir das Wasser den Atem raubt,
fühle ich mich zuhaus'

Jedes Mal, wenn dein Blick sich mit Wärme füllt
und das Feuer uns zusammenführt,
meine Jacke am Morgen nach Asche stinkt,
fühle ich mich zuhaus'

Jedes Mal, wenn der Sommer uns die Liebe zeigt
und er uns und wir uns verführen,
jedes Mal, wenn wir uns näherkommen,
fühle ich mich zuhaus'

Und jedes Mal, wenn ich Teil eines Ganzen bin,
dem ich blind und zu gern vertrau',
jedes Mal, wenn Menschen meine Zuflucht sind,
fühle ich mich zuhaus'

Abendstunden in Castellón

Gold legt sich über die Stadt
Die Abendsonne treibt die Leute hinaus
Eine Taube tanzt auf einem Laternenschirm
Rauch rieselt vom Stamm einer halb zertretenen
Kippe in den Himmel
Die Häuser bis zur Hüfte erleuchtet stehen Spalier
Und der Mond ist blass vor Neid
Überall das Glück, das er oftmals verpasst.

Es ist nicht weit bis zum Meer
und doch fühlt es sich in diesen Sekunden wie
Ewigkeit an.
Der rote Asphalt türmt sich auf,
vor der blechernen Dose,
die vollgepackt zum Ufer rollt.

Wer wartet schon auf das Leben?
– denkt der Junge laut nebenan.
Auf wen wartet schon das Leben?
– die Frau nickt und lehnt sich an.

Kein Gedanke gleicht dem andern und doch sind sie
sich alle gleich,
sodass der Abend dann ganz leise
der Nacht von der Seite weicht.

Die Veränderung

Wind, Wind, Wind
unter wehenden Fahnen
flattert sie umher.

Nichts wirkt bestimmt.
Schwer zu erahnen
kommt sie so daher.

Sie hat sich nie festgelegt
und das kreidet man ihr an,
sie hat sich nie gebunden,
ließ niemand' an sich ran.

Sie lebt verspielt,
sie spielt ihr Spiel,
ihr wird immer gefallen,
was Anderen missfiel.

Wer kann dich schon verstehen?
Wer hat dich je durchschaut?
Die Worte, die du säst,
die erntest du dann auch.

Obwohl du dich nie festlegst,
hältst du doch an dir fest.
Die Überzeugung zu verändern,
meißelst du in Stein.
Die Genugtuung, dich von allem zu entfremden,
behältst du für dich allein.

Sie zieht dir manchmal Kraft,
deine eigene schwere Macht.
Versunken in einer Revolte, die sich auch gegen
dich richtet,
und alles was du immer wolltest.

Ich will nicht tauschen,
du zu sein,
ist wie ein Bad im eigenen Saft,
der Versuch sich zu berauschen,
dumpf und hohl
aus eigener Kraft.

Luft, Luft, Luft
durch die Schübe des Winds
bewegt sich das Meer.

Der Zauber verpufft,
denn gibt es dich nicht,
dann wird es ruhig.

Und so sehr
man glauben könnte,
es bleibe so
wird man enttäuscht,
und irgendwo
braut sich wieder ein Sturm zusammen.

Dein Vermächtnis kündigt sich an durch:

Wind, Wind, Wind

Mittagshitze

Konsumismus – Ich kaufe, also bin ich

Wir kaufen
uns tot
jedes Mal

wie der letzte Idiot.

Leben – ein Rabattgutschein,
den du schnell mal gegen ein Schnäppchen tauschst.
Und dann fällst du auf dich selber rein,

du gibst dir Sinn,

du gehst dahin

und merkst nicht, dass du dich verkaufst.

Der Wäschestander

Seine Arbeit macht er,
nie hat ihn irgendwer dafür gelobt,
ihm wird massig aufgebürdet,
oftmals verschwindet er dann ganz,
aus dem Blickfeld des Betrachters,
oder er bleibt wochenlang vakant.

Er kann sich nicht mal selber kleiden,
welch' arme Seele er doch ist,
noch kann er sich frei entscheiden,
was er trägt und was ihm sitzt.

Doch ist sein Sein, ein kunterbuntes,
gestreift, gepunktet, eintönig,
immer wieder ausgefallen, viel zu eng und
lächerlich.

Er riecht oft gut, manchmal sehr frisch,
König des Alltags, ein Gemisch
aus alt und neu und gelegentlich
vergisst man ihn, dann steht er da,
ganz steif im Raum, und offenbar
ist er sich seiner ganz gewiss,

denn wenn der Schrank leer ist,
kriegste Schiss!

Uhrmenschen

Lang' nicht mehr gesehen
und doch nur kurz gesprochen,
müssen sie schnell wieder gehen,
um nix anbrennen zu lassen.

Wer hat schon Zeit einen zu betrachten,
wenn der Blick an Zielen klebt?
Wer hat schon Zeit zuzuhören,
wenn er nur das eigene Wort versteht?
Wer hat schon Zeit zu hinterfragen,
wenn er nur nach vorne lebt?
Wer hat schon Zeit noch abzuwarten,
wenn der Zeiger weiterdreht?

Ist es Angst zurückzufallen?
Ist es Trieb sich zu entfalten,
in Tüchtigkeit und Leistungsdruck,
oder ist es eine Sucht,
die sich durch die Arbeit nährt und in
Ablenkung Sinn erfährt?

Habt ihr Angst euch zu begreifen?
Bis zum Grunde durchzusehen?
Die Zeit selbst, sie wird es zeigen,
denn für euch bleibt sie nie stehen.

Orange Punkte (Naranjas)

Orange Punkte
in einem grünen Wald,
sie fliegen vorbei.
Es schrumpft das Bald.

Der fragende Blick,
der keine Antworten sieht,
das Rütteln des Zuges
wirft ihn umher.

Hab' mich seit Wochen verzehrt.
Emotionen laufen über

bin trotzdem leer.

Ein befremdliches Gefühl,
wenn man für den Anderen lebt,
mein Körper bebt,
ich atme schwer.
Doch wenn wir uns sehen, dann fällt alles ab.
Dann kommst du daher
und die Konturen malen Bilder,
schärfer als HD,
die Gedanken denken wilder,
es tut nicht mehr so weh.

Bald lichtet sich der Wald,
Orange Punkte schwinden.
Ein Warm verzehrt das Kalt,
wer will es mir verdenken?

El paisaje – Weg nach Barcelona

Schwebend über den Dingen,
Sonne flutet mein Papier,
klingt das Rauschen fast wie Singen,
es fällt das Wann und steht das
Hier.

Ich sage etwas,
halb ernst und ebenso entrückt,
dein Blick wandert mit den Schatten,
und verliert sich tief beglückt.

Mit einem blauen Hut,
samt weißem Stich,
das grüne Kleid in hellem Licht,
und einer Kette, die sie ziert,
aus azurblauen Perlen konzipiert,
macht sie sich lang und streckt sich aus.

Der sanfte Ton,
der leicht gebräunten Haut,
man fühlt sich zu ihr hingezogen.

Sie wirkt so stark,
nackte Kurven,
rauben einem fast den Sinn,
verletzlich,
oft betrogen,
wenn sie geht,
geh' ich dahin.

Weltschmerz

Zwischen Ohnmacht und Agonie,
streicht er über den Einband seines Buches,
er sitzt da und liest,
innerlich so aufgewühlt,
hält er die Beine verschränkt,
sodass man leicht denkt,
er genießt den Tag, die Sonne,
und sein frisch Gezapftes im Glas.
Doch das kann er nicht,
denn die Antwort auf seine Fragen
sind vorläufig, und es zerrt an ihm,
während der Windzug,
sein Shirt und die nach hinten fallenden Haare
durchstreift.

Ein Kind, das schreit, holt ihn kurz wieder her,
sein Kopf wiegt nun schwer,
er bestellt sich noch ein Glas.
Seine Augen wandern
über die Tische neben ihm,
die Häuserwand, die Bäume
First-World-Problems, die ihn nach unten ziehen.
Mit den Händen streift er sich über seine braune
Hose aus Kord,
mit dem Kopf ist er fort,
bei den großen Idealen und ihren Vätern,
streitenden Demagogen
und fiesen Verrätern.

Der Tag ist so schön,
ihm ist leicht schlecht.
Hilflosigkeit macht sich in ihm breit.
Er ist der Kapitän eines gestrandeten Schiffs,
der wartet, dass die Flut seinen Kahn bald erwischt,
und ihn hinaus, ins offene Meer treibt.
Jetzt wird ihm langsam kalt.

Er blinzelt kurz,
rafft sich auf,
das Buch klappt er zu,
dann geht er nach Haus'.

Ruine

Kreisende Linien
Zieht die Zahnbürste
Geführt von einer alten Hand.

Müde Augen
Schauen in den fleckigen Spiegel
Ins Niemandsland.

Antrieb durch Routine
Festgefahren in pathetischen
Gedanken
Existiert Liebe für das was du warst.

Weit draußen
Macht die Einsamkeit
Dich zum Egomanen.

Weil nix passiert
Du nicht ewig lebst
Kann man spüren
Dass du mit der Zeit vergehst
Wie eine Ruine
In der Landschaft stehst.

Der letzte Zug

Mir ist leicht schlecht
meine Zunge fährt langsam
über den trockenen Rand meiner Lippe
die Gedanken reichen weit über meinen Balkon hinaus
auf dem ich gerade stehe
ein leichtes Gefühl von Gleichgültigkeit
durchströmt mich
ich ziehe noch ein letztes Mal an dem Ende der
Zigarette
die mir eigentlich gar nicht schmeckt
die mir sowieso nicht gut tut
und ich sehe mich selbst vor mir
wie ich hier stehe
in einer Woche oder zwei
und wie ich weit in der Ferne
irgendwo zwischen den Bergen
versuche die Erinnerungen von dir
und dem Gefühl das du mir gibst
aufrechtzuerhalten
meine Ohren rauschen
wie ein Radio mit schwachem Empfang
dringt deine Stimme zu mir durch
ich dreh' mich zu dir um
und merke,

dass es mir immer wieder viel zu schnell
in Vergessenheit gerät
wie schön du bist
wie du da sitzt
und dich mit der Last des Alltags plagst
und ich mag,
dass trotz allem was der Tag auch wiegt
über ihm ein Zauber liegt
selbst, wenn ich ihn so oft nicht seh'
zeigst du ihn mir und es wird spät,
sodass die Dunkelheit sich drüberlegt.

Bockwurst mit Senf

Nervig, aber ok.

Ihre schlanken Hintern
gebettet auf harten Stühlen,
kann nix erschüttern
außer Spuren von Fleisch.
Wenn Frühlingsgefühle überwintern,
stellt sich das höchste der Gefühle,
mit Latte macchiato ein.

Ernährung ist Hobby,
Leben, Natur,
Lifestyle, Mode
und Makulatur.

Es ist mehr als es ist,
ein Zeichen, ein Appell,
ein Gucktmichan, und
Lippenbeißen.

Was immer du da isst,
es ist
gesund genug
nicht Fleisch zu heißen.

Man muss es mögen,
lieben lernen.
Man kann es verachten,
doch muss man beachtend
feststellen, dass
die Sache an sich,
eigentlich schon,
sogar ziemlich doll,
fast schon zu sehr,
vernünftig scheint.

Die Wahl

Was brauche ich?
Irgendwas zum Anfassen, Auspacken,
Ausprobieren?
Mir irgendetwas antrainieren?
Brauch' ich Liebe oder Sinn?
Einwegflaschen, Sofortgewinn?
Brauch' ich Trubel oder mein' Peace?
Ausschlafen oder Augenringe?
Brauch' ich Lust und Paradies
oder Alltag und Nüchternheit?
Brauch' ich das, was ich will,
oder verbrauch' ich mich für irgendwen?
Brauch' ich es weichgekocht oder zäh,
mit Biosiegel oder E's?
Ist es irgendwas das mich verwöhnt, das mir
schmeichelt, mich verhöhnt?
Will ich alles, will ich nix?
Lenkt mich Genuss oder Verzicht?
Ist es Kraft oder Wut, die mich leitet
oder ein zynisches Lächeln über meine Zweifel?
Brauch' ich Musik und brauch' ich Kunst,
Wissenschaft oder den ganzen Dunst,
aus sozialen Medien voll mit Werbung,
Bleichen, Streifen oder Färbung?
Ist es ein großes Projekt oder ein Traum?
Eine Doktrin, eine Ideologie,
oder ist es ein Baum?

Wenn doch die Antwort auf meine Fragen,
der Ausgangspunkt für neue ist,
was brauch' ich dann?
Die Suche, sie macht mich klein
und gierig zugleich,
nach dem Segen der Wahrheit
und der richtigen Entscheidung,
nach der Formel für Glück
und dem Verständnis des Seins.

Ist das Falsche nie ganz falsch?
Verhält es sich mit dem Richtigen dann gleich?
Oder ist mein Verlangen bedeutungslos?

Dann brauch' ich nix,
Dann ist halt alles irgendwie egal...
Doch will ich das?
Ich hab' die Wahl!

Vereinsamung (Soledad)

Arme Seele,
Soledad,
abgeschieden, abgetrennt.
Erhaben thront sie über dem Geist.
Einsamkeit.

Wie sie wächst und gedeiht,
ein Himmelszelt aus Traurigkeit.

In sich gekehrt,
schlicht und stark,
ein Geheimnis aus Glas,
fast unsichtbar,
sperrt dich ein,
in ein kaltes Gefühl,
Alleinsein.

Auf dich gestellt und isoliert,
geht der Atem des Lebens dir durch die Brust,
mit einem süßlichen Hauch von Genuss,
und Einfachheit,
stellt er sich ein,
der sanfte Beigeschmack
deines einsamen Stelldicheins.

Rumms

Bumms/Plumms/Rumms.

Rumms/Rumms/Bumms.

Plumms/Rumms/Bumms.

Wumms.

Alte Probleme

Alte Probleme
holen mich ein,
im Laufe der Zeit
wahnsinnig, vertraut zugleich.

Alte knochige Bekannte,
nagen am Selbstbewusstsein.

Wie spitze Fingernägel, kaum gepflegt,
durchfahren sie Stück für Stück,
die Fasern meiner Fassung.
Und mit ihnen gleitet
ein Anflug von Panik
durch gedankenlose Gänge.

Wie in Zeitlupe
schleichen sie sich ein,
die gescheiterten Gesichter
einer körperlosen Kraft,
die mich ins Straucheln bringt,

auf dem Spaziergang zum Frieden mit mir selbst.

Der nächste Zug (Alles nach Plan)

Aus dem Tunnel,
in das Licht,
schiebt sie sich,
auf zwei langen
braunen Eisen
mit Dampf hinaus
auf ihre Reise.

Ich verweile,
still und leise
hier mit dir
auf einer Bank,
während ich feile,
an jeder Zeile,
erhebst du dich,
spazierst im Gang.

Der Tag er strahlt
uns beide an,
doch saust an uns
der Zug vorbei,
wir sind erst pissig,
merken dann,
uns gefällt die Warterei.

Sie lässt uns Zeit,
zu betrachten,
wie schön die Langeweile ist.

Wir lassen los,
Revue passieren,
wie das Schicksal seine Entscheidung trifft,
die den großen Plan verändert
und uns an den Kragen will,
denken wir, doch eigentlich,

merkwürdigerweise…
tut sie uns gut
zwingt uns dazu,
innezuhalten und festzustellen,
wie eingefahren,
und voller Zielstrebigkeit
wir uns an unsere Pläne klammern,
fast so als würde
ansonsten alles auseinander
fallen.

Doch tut es nicht,
es zwinkert und sieht dir dabei zu,
wie du,
mit einem leichten Lächeln im Gesicht,
dem nächsten Zug entgegen,
in die Ferne blickst.

Die Liebenden: Der Masochist

Bitte geh nicht!
Bleib doch da!
Du lässt mich zurück,
wie ich hier war.

Du hast was vergessen,
hier bin ich,
nimm mich mit,
ich geb' dir mich.

Doch gehst du nun,
leichten Schrittes,
und tust mir weh,
mit jedem Bisschen,
dass du dich mehr
von mir entfernst.

Ich wär' so gern,
sowas wie dein treuer Freund,
ohne den du nicht mehr kannst,
ohne den das Leben, kein Erleben ist,
ich will auch leuchten in deinem Glanz.

Drum hör doch her,
denn wenn du mich liebst,
dann quälst du mich im Paradies
und lässt mich nie mehr von dir los,
presst mich an dich,
stellst mich bloß,

weil ich ohne dich nichts bin,
außer ein alter Hund
ohne Herrn,
der blindlings vor ein Auto läuft.

Sei mein Auto,
fahr mich um,
alles besser,
als auf sich allein gestellt.

Dich fortgehen sehend,
weiß ich, willst du das Beste für mich.
Mich leiden lassen,
um mich nicht leiden zu sehen.

Die Liebenden: Der Sadist

Du reichst mir nicht
und das sage ich,
nicht, weil ich etwas anderes will oder
weil du mich nicht glücklich machst,
es ist nur so:

Ich brauche dich,
doch kann ich nicht,
dich für mich alleine haben,
dich für immer mit mir tragen,
dabei will ich dich und sonst nichts.

Ich würd' dir deine Freiheit nehmen,
verschmelzen mit dir
samt deinen Genen,
die mir deinen Charakter geben
und mit deinen Sinnen sehen.

Vorzugsweise eingesperrt,
damit du nie fortkommst,
von da, wo du mir gehörst.
Und ich dich besitzen kann,
damit ich mich vollkommen fühl',
fortwährend deine Nähe spür'.

Doch geht das nicht,
das weiß auch ich,
drum reichst du mir
so aber nicht.

Der Schauspieler

Da ist er nun,
er tut sich gut,
und rührt sich nicht,
zur Sonne gewandt.

Er ist ein Schauspieler.

Bei allem was er tut,
spürt er sich.

Er beginnt,
von vorne sich zu denken,
in die Rolle, die er gibt.

Er sitzt schief,
konzentriert auf die Balance,
während Atmung und Geist ineinanderfließen.

Offenbarung.

Durch Meditation
versucht er zu verstehen,
wann Ebbe und Flut,
in seinem Kopf,
zu kommen und zu gehen pflegen.

Abstand und Distanz

sollen ihn bewegen,

um Rollen abzulegen,
um sich selbst zu finden,
um nicht tagein tagaus, nur zu spielen,
statt zu sein.

Er will Regisseur werden,
verstehen,
welchen Film er schiebt,
welche Rolle er gibt,
die verborgenen Seiten
seiner Charaktere,
die tanzenden Männchen in seinem Kopf,
unterscheiden lernen zwischen
gespielten Gefühlen,
und dem tiefen Rumoren,
das hin und wieder,
(mit einem lauten Knall)
aus ihm herausbricht.

Seltener Regen

Prasselnd fällt der Regen auf das Dach,
wie Tränen über Wangen
rollen die Tropfen die Scheibe hinunter.

Trotz der Schwärze der Nacht
liegt ein leichter Schimmer in der schweren Luft,
der durch das Reflektieren
des Straßenlaternenlichts
in den Tropfen
den Himmel erhellt.

Es ist mir klar,
dass das alles bald vorbei sein wird,
so wie der Regen sich irgendwann verzieht
und ich weiß auch,
dass dann Sonne kommt, die wärmen wird.

Doch bevor ich mich verseh',
bin ich meilenweit entfernt von dem
was mir so viel gibt,
was ich vielleicht sogar verdien'.

Deshalb genieß' ich, die
Beruhigung,
die von der Einsamkeit
die das Wetter schafft
und von der behutsamen Gleichgültigkeit,
die diesem Ort innewohnt, ausgeht,
die kalte feuchte Nacht.

Portrait

Wenn sie glauben, dass sie dich kennen,
durch die Art, wie du sie ansiehst,
die Worte
die du sprichst,
du lächelst, wenn sie reden
und wenn du dann noch freundlich nickst.

Dann ist es am schwersten.

Wenn sie nicht in der Lage sind,
ihr Bild von dir zu ändern,
wenn sie nur noch hören,
was ihnen passend scheint.

Wenn du nun mal deinen Platz in der Schublade hast,
deine eigene kleine Definition
in ihrem Lexikon oder dein Kürzel,
in der Kontaktliste.

Dann ist es am schwersten,

sie davon zu überzeugen,
dass du jemand ganz anderes bist,
als das Licht in dem du auftrittst
oder deiner Bühnenshow.

Denn einmal verschlossen,
geht sie schwer wieder auf,
die Tür zu anderen Schlüssen,
und dem Neuanfang.

Denn es ist sehr bequem,
sich in Weisheit zu wiegen,
dem Menschen zu begegnen
und ihn irgendwo hineinzuschieben.

Ob gute Freunde, alte Bekannte,
sie lassen dir oft keine Chance,
einander neu kennenzulernen.

Denn hat der Maler sein Portrait,
gibt er es ungern wieder her.

Ich lüge nicht

Ich lüge nicht
Ich lüge nicht
Ich lüge nicht

so öfter man es sagt
so lächerlicher ist es
so ehrlich es auch scheint
so einseitig der Gedanke

Denn wenn du sagst: Ich lüge nicht
dann geht es dir
um Zwischenmenschlichkeit

und ob du Wahrheit sprichst.

Selbst vergisst du dich
und ob du ehrlich bist.

Selbstvertrauen meint
dem Selbst zu vertrauen.

Das kannst du nur
wenn du dich hinterfragst:

Bin ich ehrlich zu mir selbst?
Kann ich mir selbst vertrauen?

Lüge ich mich an?

Innenleben

Ich leb' in meiner eigenen Welt,
in einem Schein von Realität,
trotzdem bleib' ich auf mich allein gestellt,
den Unterschied zu sehen.

Ich leb' in meiner eigenen Welt,
gefärbt durch meine Emotionen,
bildet sie mein Wirkungsfeld,
das meinem Leben innewohnt.

Ich leb' in meiner eigenen Welt,
das ist halt so,
das geht nicht anders.

Und ich kreise um mein Leben,
das ICH im Mittelpunkt,
wie ein Vogel in der Luft.

Ich leb in meiner eigenen Welt,
ich werd' auch in ihr sterben.

Egal ob's mir gefällt,
sie gehört dazu:

als Teil meiner Ausdrucksweise, Mentalität,
als Teil meiner Art zu lieben, Kreativität.

Ich leb' in meiner eigenen Welt,
oft fällt's mir schwer, sie zu verstehen.

Doch wer kann schon eine Welt begreifen?
So wird es dir nicht anders gehen.

Wer hätte das gedacht?

Wer hätte das gedacht,
dass wir uns mal so eng verzahnen?
Wer hätte das gedacht,
dass ich mich nach dir sehn'?
Wer hätte das gedacht,
dass wir uns mal so eng umgarnen?
Wer hätte das gedacht?
Wir ließen es geschehen.

Wer hätte das gedacht,
dass da mal ein WIR draus wird?
Wer hätte das gedacht,
dass du mich verführst?
Wer hätte das gedacht,
dass du mich aushalten kannst?
Wer hätte das gedacht,
dass ein WIR mal zu Liebe führt?

Wer hätte das gedacht,
dass du mit mir das Leben tanzt?
Wer hätte das gedacht,
dass wir uns in den Armen liegen?
Wer hätte das gedacht,
dass wir die Zeit besiegen?
Wer hätte das gedacht,
dass die Distanz nicht zählt?

Wer hätte das gedacht,
dass du mir so innig fehlst?
Wer hätte das gedacht?

Niemand und sicherlich
nicht ich.

Schmalziges Gedicht

Eigentlich ist das nicht mein Ding,
auch wenn ich sehr romantisch bin.
Eigentlich find' ich sowas blöd und furchtbar öd'
und langweilig.
Ja eigentlich hat es auch keinen Stil,
ändern tut es sowieso nicht viel.
Eigentlich komm' ich mir ziemlich peinlich vor
und wahrscheinlich wirkt es wie

ein Eigentor
ein Ausrutscher
ein Fettnäpfchen
ein flacher Witz
ein Fauxpas
ein zarter Versuch
ein schlaffer Händedruck
ein Ich-hab's-probiert
das Potenzial war da.

Doch drängt es mich
aus einem nicht zu ergründen Grund,
dir ein Gedicht zu schreiben,
ich tu' es kund',

das alles vereint, was ich empfind':

Alle vier Jahreszeiten
mit Regen und Wind,
Morgentau und Sonnenröte
wieder und wieder
möchte ich mit dir verbringen.

Und alle vier Jahreszeiten
wie bei Vivaldi
möchte ich mit dir verklingen.

Ich will, dass du der Klang meines Lebens bist,
die Melodie auf dem Akkord meines Wesens bist.

Ich möchte dein Begleiter sein,
auf den du dich verlassen kannst,
der dich niemals lässt allein,
worauf du dich verlassen kannst.

Es gibt nichts Schöneres für mich,
als immer für dich da zu sein.
Deshalb schreibe ich dir ein
schmalziges Gedicht
ich misse dich

für immer dein

Der größte Friedhof Europas

Es glitzert,
Schaum schwebt auf den sich kräuselnden Wellen.
Der blaue Schönling zeigt sich von seiner
schillernden Seite.

Palmenwipfel schwingen
ästhetisch im Wind.
Weit entfernt sucht ein Frachter das Weite.
Die Illusion gaukelt einem
die Friedlichkeit der Kulisse vor.

Das Lied der Wellen
sanft und gewaltig
setzt sich in des Betrachters Ohr.

Sein Herz ist klar,
sein Kopf ist leicht.
Trotz der vollen Gedanken,
die in den Tiefen schlummern,
dringt nichts nach oben,
steigt nichts empor.
Er wird sich bewusst,
so wie er da sitzt,
die Füße vergraben
tief im Sand,
dass die Schönheit
die ihn umgibt,
ein Objekt darstellt,
der Geschichte der Menschen,
in Menschenhand

und dass dieses Objekt
durch uns befleckt,
nichts dafür kann
Schauplatz zu werden,
von Verbrechen und Angst.

Es funkelt,
Schaum tanzt auf den stetig säuselnden Wellen.
Die blaue Schönheit zeigt sich von ihrer
zärtlichsten Seite.

Beipackzettel zum Glück

Ein heißes Bad/ein feuchter Kuss/ein Innehalten/
frische Luft/ein guter Film/ein leckeres Eis/ein
neuer Song

    und der Beweis,
    dass Glück nichts ist,
    was an einem haftet,
    es kommt und geht
    genau betrachtet,
    ist es gar nicht weit entfernt,

    es liegt im Kern,
    oft unbeachtet
    von allem was dir widerfährt,
    bleibt es oftmals unbemerkt.

Ein duftender Kaffee/ein alter Freund/
ein nettes Fest/
ein leichter Joint/eine schöne Geschichte/die
spontane Idee/Pläne umzuwerfen damit neue
entstehen/eine sinnvolle Arbeit/
eine verdiente Pause/
die Abendsonne/der Weg nach Hause/die
Lust auf Neues/Körperkontakt/Anderen helfen

und die Macht
selbst zu denken,
sich zu entfalten,
einen Teil der Welt
mitzugestalten.
In all dem Trubel
und dem Stress,
den dich der Zeitgeist spüren lässt
ist dir das Glück oft nicht bewusst,

und du da
erstmal drüber stolpern
musst.

So ist es nötig, dir zu sagen:
Glück erkennen führt zum Glück haben.

Geheimnis

krämerisches Lächeln
gebleckte Zähne
Auge um Auge
raus mit der Sprache
wenn es sie noch gibt
um ein Geheimnis zu teilen
ist es dann kaputt?
schenkst du mir reinen Wein ein?
muss mich an dir abarbeiten
Bedenken.

Wunden

eklig
aufgeschmissen
wie ein Stück Scheiße
bleibt die Welt nun doch die gleiche
ungerecht und unbequem
kratzt das Dunkel am Organ

traurige Gewissheit
steht dem Zweifel gern zur Seite
des einzelnen Leid
so oft profan

ein Klacks
wie Vogelschiss auf dem Grund
einer Hoffnung die
getreten wird von Füßen
muss man sein eigenes Schicksal büßen
ansonsten geht's keinen etwas an

das große Ganze

zum Trotz des kleinen Plans.

Die Seele der Distanz (El alma de la distancia)

Manchmal weiß ich nicht
was ich von alldem halten soll,
dann hat der Horizont auf einmal Beine,
er läuft vor mir davon,
und ich hinterher und weine.
Ich wollt' ihn noch fragen,
ob er ein Strich ist oder viele kleine
Punkte dicht nebeneinander.

Schade, haben uns nie kennengelernt,
flüchtig mal erwischt.
Einmal saß er am Ende auf dem Meer,
dann ist er mir entwischt.

Von der Seele der Distanz,
hat er mir erzählt,
durch sie sieht man klarer
und er hat ein Wort gewählt,
das ich nicht genau verstand.

Komm' jetzt nicht mehr an ihn ran,
so weit weg
hat er bestimmt kaum Empfang
und es geht mich auch nichts an.

Es hat ihn fortgeweht,
vielleicht hat er sich verlaufen.
So schnell ist er gerannt,
da muss ich erst einmal verschnaufen.

Es hat mir gefallen wie
er gelacht hat, so ganz leicht man
konnte es nicht sofort erkennen,
auch war es schön, wie er gesagt hat,
dass der Seele der Distanz
ein Zauber innewohnt,
der sich nur im Abseits zeigt,
und dann hat er stark betont,
dass das Neue dazu da ist,
das Alte zu begreifen,
und man nur weiß,
was wirklich wahr ist,
wenn man beginnt
die Maske abzustreifen,
die einem oft die Sicht beschränkt.

Mit Abstand sind die Dinge echter,
und viel kleiner als man denkt.

Irgendwann konnt' ich ihm nicht mehr
folgen, dann war er weg
und ich
bin dann hinterher,
er war ja auch schon ziemlich weit,
jetzt seh' ich ihn nur manchmal
hinter hohen Bergen,
und frag' mich, was er treibt.
Trotzdem hat er mir gegeben,
was man
so oft nicht hat im Leben,
und was man auch nicht kann erspähen.

Man muss sie spüren,
die Seele der Distanz.

Abendrot

Die Augen der Philosophen

Ich sehn' mich nach einem Ort
den es gar nicht gibt,
hinter der Musik,
im Schoße der Nacht,
wo alles entflieht
aus Lethargie
in eine liegende Acht aus Emanzipation.
Durch dieses honigfarbene Lied,
zieht sich der Traum von etwas Großem
in dem ich aufgehen will,
einer Liebe,
die Augen der Philosophen
in die ich aufsehen will.
Doch der Blick zerläuft,
geht im Moment dahin
bis die Pupillen zerfließen

und wieder
entfernte
Sterne sind.

Lange Stunden

Lange Stunden,
vor mir *laaaaaaaange* Stunden
als ich hinter ihnen in der Schlange stand.

über mir wohnt
ein Elefant,
der fröhlich tanzt,
die Decke
über meinem Kopf
zusammenstampft

und ich total bekloppt,
hyperventiliere, ganz schnell,
ganz langsam
kriecht der Zeiger
und alles schreit
ich funktioniere, kollabiere,
dem Wahn geweiht,
die Stimmung sinkt,
die Laune stinkt,
ich muss jetzt raus!

Abschütteln
was haften bleibt,
mit der Zeit und jeder
laaaaaaaangen Stunde.
Hinein in den Taumel der Sekunde,
die mich von der Last befreit,
da jede Stunde,
laaaaaaaange Stunde,
mich bald noch in den Wahnsinn treibt.

13 Blumentöpfe

Dreizehn Blumentöpfe
zieren den Balkon
die Türe leicht geöffnet
bis zwei nach Hause kommen.

Die Leute, sie rauschen
mitsamt dem Bach vorbei
Wäsche will wegwehen
das alte Haus dagegen bleibt
starr und
ein Zeichen seiner Zeit.

Kabel sie spinnen
ein Gedankennetz zusammen
hoch über den Köpfen
den Abend entlang.

Es lauschen die Tauben
die Dachrinne, sie wippt
und ich so am Beschauen
irgendwie entzückt.

7x Nichts

Es gibt *Nichts*
dass man sagen kann

Nichts
dass man denken soll

Es gibt *Nichts*
was man beschreiben kann

und dieses *Nichts*
füllt alles voll.

Wie soll man Trost empfinden,
wenn auf Trauer nur Leere folgt?
Wie soll man drauf gefasst sein

wenn das *Nichts*
nie einem Schema folgt?

Nimmer mehr,
scheint es zu helfen,

und hinterher
bist du allein,
obwohl du vorher es auch warst,
es ist wahr, klar

denn es ist *Nichts*.
knüppelhart

wenn da *Nichts* ist,

außer

Segelboot (Barco de vela)

Segelboot, oh, Segelboot
dein Bug gleitet die Welle hoch,
so sanft wie weich
ganz ohne Not,
treibst du hinaus ins Abendrot.

Segelboot, oh, Segelboot
das Weiß auf Blau
so stark betont,
fährst du hinaus ins Nirgendwo.

Segelboot, oh, Segelboot
die Seile, sie sind festgezurrt,
damit wie stark der Sturm auch tobt,
du wiederkehrst zum Abendbrot.

Segelboot, oh, Segelboot
das Meer dir eine Zuflucht bot,
dich immer in die Ferne sog,
das Abenteuer mit dir zog.

Pudding

ich bin ein Stein
rau und kalt
heute ist ein grauer Tag

ich bin ein Stein
an mir prallt alles ab
den niemand zu versetzen vermag

mich formt das Wetter
ich halte ihm stand
unverwüstlich
hab' ich Bestand.

Doch in mir wohnt ein Herz,
das weich,
fast wie aus Samt,
einfühlsam und warm,
die tiefsten Empfindungen
hervorbringen kann.

Wenn du so feinfühlig bist
und mich,
mit diesem beseelten Blick ansiehst,
nah am Paradies
und fragst, wie es um mich steht,

dann wird
die einstig kantige und robuste Hülle
zu Pudding
und fließt dahin.

Da liegt es nun
dieses große bebende Ding,
nackt und frei
gibt es sich hin.

So leichtsinnig und naiv
doch genauso richtig,
wichtig, da es mir zeigt,
wie tief
und echt ich lieb'.

Deshalb hast du
diesen Einfluss auf mich,
diesen Zugang
zu meinem Empfinden,
da du auch den
Pudding an mir magst.

Sonnenstrahlen

Verhangen schleicht der Tag,
an einem zweifelnden Kopf vorbei,
befangen sind die Sinne,
im Schlepptau der Teufelei,
so kommt er tot nach Hause,
gebeutelt von der tristen Farce,
so gestaltet sich die Pause,
als alleinige Platzhalterin…

Wie soll er nur entfliehen
von dem farblosen Gestank
der Apathie?

Doch dann gibt es sie,
an der er sich festhalten kann,
mit der er loslassen kann,
die ihm beweist, dass das Grau nur der
Staub des Alltags ist,
der auf den schönen Dingen des Lebens liegt
und ihre Worte sie singen, seine Melodie,
die ihm sagt,
dass es ihn noch gibt,
bis dunkle Wolken sich verziehen,
und Mundwinkel sich verzieren
mit einem Lächeln, mit einem Mal,
kitzelt ihn ein Sonnenstrahl.

Querschnitt

Einer angelt, einer schwimmt
die Leute sind sich gleichgesinnt
zwischen Rauschen
schiebt der Wind
den Bass den Strand
entlang, ich find
das ganz schön krass,
was in dem Nass
so alles schwimmt.

Meine Füße
amüsieren sich
in der Wellen Feingetriebe.
Gemütlich spaziert es sich
mit meiner Sonnenbrandschutzschmiere
im Nacken, zwischen beiden Ohren
Safety-First
ganz unverfroren
weiche ich dem Plastik aus
und dabei reg' ich mich noch auf:

So 'ne Scheiße aber auch!
Unsere Zukunft geht hier drauf.
Der Mensch
so oft instinktgesteuert
es fehlt Verstand
total bescheuert,
einfach ahnungslos.

Ich für meinen Teil
will jetzt hier kein' Aufstand machen
einfach bisschen laufen lassen
im Slalom
Shalom
step' ich jetzt weiter
Backpacker-Future
erklimme rasant die Reiseleiter.
Weiter nach oben!
Immer hinauf!
Immer das Maximum!
Vollgas voraus!

S c h w a c h k ö p f e !!!

Die große Liebe (El gran Amor)

Die große Liebe,
ein übermächtiges Bild,
das auf keine Leinwand passt.

Die Liegewiese
für eine Hoffnung,
die in den Tiefen deiner Wünsche,
schon lange leicht verblasst.

So viel' Scherben im Umfeld,
so viel Schlimmes schwirrt umher.
So viel' Zweifel, dass man umfällt,
allein, verlassen, leeres Meer

aus Menschen, denen dasselbe fehlt
die schnelllebige Generation,
keine Zeit für etwas Festes,
warten auf die Sensation.
So streifen jedwede WG-Debatten
irgendwann den wunden Punkt:
Gibt es sie, die große Liebe?
ja? was liegt ihr zugrund'?

Augenbrauen verziehen sich,
man pult verbissen am Bieretikett,

diese Träumerei begleitet dich,
schnürt dich ein, wie ein Korsett.
Sie hängt über dir, ein holistischer Gott
die Wahrheit, dass du Angst hast,
vor Scheitern und Spott,
weil es doch zu schön ist,
um echt zu sein,
zu romantisch,
um recht zu sein.

Denn wer hat es nicht verdient,
das größte Glück der Welt zu haben?
Sie zu genießen,
die große Liebe?
und mit dem Wissen zu entschlafen,
dass fortan sie bei dir bliebe.

Deshalb sperrst du sie ein
und hältst dich bedeckt
erst nach drei Wein
zeigst du uns
ihr Versteck.

Dass in dir doch die Hoffnung wohnt,
trotz all dem Pech
es sich trotzdem lohnt,
ihr Glauben weiterhin zu schenken
denn eine große Liebe, braucht großes Denken.

Sommerregen

wo bleibst du man,
wir warten lang,
so langsam bekommt's auch jeder mit,
du fehlst,
früher warst du immer da,
wir haben dich geliebt,
du hast genervt,
warst Alltag
Jahr für Jahr.

ein Leben ohne dich,
kennen wir nicht,
jetzt zeigt es nach oben unser Gesicht
und wir hoffen und wir beten,
dass du endlich wiederkommst,
wir gehen auf die Straße,
entsetzt, dass du nicht wieder kommst.

Du hast uns Leben eingehaucht
und ohne dich
ist hier nur Staub,
trockene Luft,
nicht mal eine Träne wird es geben.

Wir haben uns oft nicht gekümmert,
waren egoistisch, anthropozentrisch,
da bist du einfach verkümmert,
und mit dir auch der
selbstzerstörerische Mensch,
mit seiner neunmalklugen Wahrheit,
der denkt er weiß was er so braucht
und seine Umwelt auch.

Immer erst wenn's zu spät ist,
fangen wir zu denken an,
weil wir immer wissen müssen,
welcher der richtige Weg ist
und die falsche Weisheit hängt hinten dran,
festgekettet, was man nicht festketten kann.

Und jetzt warten wir lang,
wo bist du man
es tut uns leid.

Komm schon man!

Wann, fängt es endlich zu regnen an?

lüstern

mir fallen die Augen zu,
dann bist da du,

eingehüllt in einen Mantel aus Bravour
fein verziert, die erhabene Statur
da wo Worte fehlen, spricht nur die Kontur

es packt mich fest,
ich verlier' das Jetzt,

eingespannt in den Atem meiner Lust
bin eingefangen, und verweile bis zum Schluss
in den Tiefen, bei dir, meiner Sucht

blau

Welche ist die schönste Farbe?
Und welche ist die klügste Frage?
am Anfang eine leere Phrase
zum Ende hin die stärkste Phase,
festgestellt - Länge der Nase,
oftmals eine große Blase?

Welche ist die schönste Farbe?

blau,
wie das Meer, das den Himmel küsst,

blau,
wie das Auge, das die Wahrheit spricht,

blau,
kann die Antwort sein,
genau – die Zustimmung.

blau,
Depression und Sucht,

blau,
Ungewissheit, Luft,

blau,
ist Freiheit, die nur schwer zu tragen,
den Menschen oft Orientierung nimmt.
So bleibt zum Ende nur zu fragen,
warum *blau* die Farben so bestimmt?

Wellenmeer

Nichts fällt mehr schwer

Ruhe

Wellenmeer

Leben rennt, ich hinterher

Stehenbleiben

Wellenmeer

Ich kann begreifen, hab gelernt

Abstand nehmen

Wellenmeer

Oft verkrampft, unbemerkt

treiben lassen,

Wellenmeer

Hab's geschafft

so sehr begehrt

angekommen

Wellenmeer.

Honig auf der Seele

All' Glück auf Erden kann nur sein,
wenn du's vermagst dich zu befreien,
von Fesseln, die dich jeden Tag umwinden.

Es ist ein Kampf, nur du allein
kannst dich ihm stellen, Kämpfer sein,
um dich zu lösen,
von Fesseln, die Tag für Tag dich binden.

Einmal gewagt, in Kauf genommen,
Fesseln fallen, Kampf gewonnen,
den großen Träumen nah,
ein Gefühl, besonnen,
wie Honig auf der Seele.

Schnöde Busfahrt

zerknautsche immer noch
meinen mittlerweile
ermatteten Kaugummi
die Fahrerin
juckt's nicht im Geringsten
die Welt vom stetig stockenden Rauschen des
Radios zu befreien
die Zeit vergeht so langsam
ich glaub' wir haben sie irgendwo auf dem Weg
verloren
vielleicht als wir über einen dieser Huckel
geklappert sind
bei denen der Bus
aus den Tiefen seines Inneren
laut aufstöhnte
und das Verdeck einem fast auf den Kopf fiel
schon schön
poetische Langeweile
eine schnöde Busfahrt.

Das Feuer des Südens (El fuego del sur)

Da wo Baumkronen wurzeln,
ein alter Mann Zigarrenrauch in den Wind bläst
und nebenher in einem zerfledderten Buch blättert,

wo der Klang der Wellen das Herz einer Stadt füllt,
wo zwischen dem Treiben der Bars,
Wimpern klimpern und feine Damen sich in
Kleidern zieren,

wo die Nacht das Leben streut,
wo die Menschen die Wärme
auf Haut und Zunge tragen,
da kann ich das Feuer des Südens erahnen.

Gedankenspiele

Willst du dich nicht zu mir setzen und
mir erzählen was grad so läuft?
Komm lass uns doch paar Worte wechseln,
denn hab' ich dich erst überzeugt, wirst du hier
Gefallen finden,
an dem Spot, den wir uns teilen
und wenn wir das dann noch verbinden:
in einem Gespräch zusammen verweilen –
das würd' mich glaub' ich glücklich machen,
andern Schnickschnack
bräucht' ich nicht.

Doch sitze ich alleine hier.
Vielleicht wart' ich noch auf dich.
Vielleicht auch nicht…

Solang' lausch' ich den Gedanken
und wie sie mir von dir erzählen,
so kann ich mich dann doch bedanken
bei dir, einen Weg zu wählen,
der mir das Alleinsein versüßt,
ich fühle mich gut aufgehoben.
Wer weiß,
vielleicht bist du's, der mich grüßt,
den du heut' hast auserkoren.

Danksagung

Danke an die Pinselführerin: Elke Hansen

Ein großes *Dankeschön* an die Korrekturlesenden:
Uta Henning, Gunda Schmidt-Gerke und Lena Marie
Bombowsky!

Danke an Charlotte Gröbel für das Coverdesign, die
Unterstützung beim Formatieren und dem inhaltlichen
Feedback!

Danke an Antje Kobi für die Beratung und Tipps zur
Bewältigung des Drumherums!

Danke an Emily Quirmbach für die Inspiration, den
kreativen Input und den Blick fürs Detail!

Danke an meine Familie, Freunde und Bekannte die
mitgewirkt, unterstützt und dabei geholfen haben dieses
Buch zu ermöglichen!